Los océanos

Yvonne Franklin

Los océanos

Asesores en ciencias

Scot Oschman, Ph.D.
David W. Schroeder, M.S.

Créditos

Dona Herweck Rice, *Gerente de redacción*; Lee Aucoin, *Directora creativa*; Timothy J. Bradley, *Responsable de ilustraciones*; Conni Medina, M.A.Ed., *Directora editorial*; James Anderson, Katie Das, Torrey Maloof, *Editores asociados*; Rachelle Cracchiolo, M.S.Ed., *Editora comercial*

Teacher Created Materials
5301 Oceanus Drive
Huntington Beach, CA 92649-1030
http://www.tcmpub.com
ISBN 978-1-4333-2146-7

Printed in China
YiCai.032019.CA201901471

Tabla de contenido

Un mundo bajo las olas

Hay mundos que sólo muy pocas personas ven. Algunos lugares nunca se exploraron. Allí deambulan criaturas misteriosas. En el suelo, crecen marañas de plantas singulares. A veces está tan oscuro que no se ve nada.

¿Qué lugar es éste? El océano, por supuesto. Es el mundo oculto debajo de las olas.

¿Qué es?

El océano es la inmensa masa de agua salada que cubre aproximadamente el 70 por ciento de la superficie terrestre.

Se ha estudiado gran parte de la superficie terrestre. Sin embargo, gran parte de la tierra que se encuentra en las profundidades del océano queda aún por explorar.

El bioma oceánico

¿Son sólo grandes masas de agua los océanos? No. En realidad, los océanos son mucho más que eso. Los océanos son **biomas**. Los biomas son grandes extensiones de agua o de tierra. Puedes distinguir un bioma por lo que ves en él. Observa el suelo, las plantas, los animales y el clima. Éstos te indicarán de qué bioma se trata.

El agua es el componente principal de los océanos. Los océanos se componen de agua salada. Eso significa que el agua contiene muchísima sal. Probablemente hayas saboreado el agua salada si nadaste en alguna playa oceánica. Las plantas y los animales que viven en el océano deben ser capaces de vivir en ese tipo de agua.

Entonces, ¿es un océano sólo una gran masa de agua? No. Es todo lo que hay debajo de su superficie, sobre ésta y cerca de ésta. Todo esto conforma el bioma oceánico.

Los océanos están llenos de vida.

El mar

El mar y el océano, ¿son lo mismo? Sí y no. A menudo empleamos la palabra "mar" para referirnos al océano. Pero el mar suele ser más pequeño que el océano y tiene más tierra alrededor.

Océano Ártico
Océano Atlántico
Océano Índico
Océano Pacífico
Océano Austral

Hay cinco océanos en el mundo. Hay quienes dicen que, en realidad, se trata de un solo océano grande porque todos ellos están conectados. Es como si fueran países. Muchos países forman parte del mismo continente, pero tienen diferentes nombres.

El océano más grande es el Pacífico. ¡Cubre aproximadamente un tercio del planeta! Equivale a casi la mitad de todos los océanos. El océano más pequeño es el Ártico. Representa sólo el 3 por ciento de todos los océanos. La combinación de los tres océanos restantes es apenas un poco más grande que el Pacífico. Éstos son el Océano Atlántico, el Océano Índico y el Océano Austral.

Océano Austral

El océano Austral también recibe el nombre de océano Antártico.

cavernas de hielo antártico en el océano Austral

Las playas

La playa es el lugar donde el océano se encuentra con la costa. A menudo está cubierta de arena. La arena se compone de fragmentos minúsculos de rocas y conchas. La arena de algunas playas es tan fina que, si la pisas descalzo, tendrás una suave sensación. La arena de otras playas es más gruesa. Puede ser áspera para los pies descalzos.

Las playas forman parte del bioma oceánico. Muchos animales van del agua a la playa y de la playa al agua. Algunos ponen huevos en la arena. Una vez fuera del cascarón, los animales se arrastran hacia el océano. Algunas aves consiguen alimento tanto en el agua como en la playa. Puede que descansen en la arena. Algunas incluso descansan en el agua.

El agua del océano baña la costa permanentemente. Arrastra arena, animales e incluso basura al agua. También deposita cosas en la orilla. ¡Ten cuidado de no dejar basura en la playa! Si lo haces, es posible que acabe en el océano, lo que causará problemas a los organismos vivos que habitan en él.

La marea

El nivel del agua de los océanos aumenta y disminuye. Esto se debe a las **mareas**. Todos los días hay marea alta y marea baja. Las mareas se deben a la gravedad entre la Tierra y la Luna.

marea alta

marea baja

Los acantilados más altos

Los acantilados marinos más altos del mundo se encuentran en Kalaupapa, Hawái. Miden 1,010 metros (3,314 pies).

Muchos animales construyen sus hogares en acantilados de piedra cerca del océano.

Los acantilados

Los acantilados son otros de los lugares donde el océano y la costa se unen. Los acantilados se forman allí donde el océano **erosiona** o desgasta la tierra. La tierra rocosa se esculpe y, en consecuencia, se forman paredes de superficie irregular. Los acantilados también pueden formarse en medio del océano. El agua **erosiona** la tierra por todos lados. Luego, el acantilado emerge entre las olas como si fuera una torre.

Los acantilados son un componente habitual del bioma oceánico. Muchos animales viven en acantilados. Algunas aves anidan allí. Las focas suelen recostarse en los acantilados para descansar al sol.

Las garzas se alimentan con pequeños peces que encuentran en las bahías oceánicas.

Bahías

El sol evapora el agua del océano constantemente. Eso significa que el agua se convierte en vapor. El vapor se eleva en el aire. Los océanos se secarían si el agua sólo se evaporara. Pero los océanos reciben agua nueva todo el tiempo. Esa agua proviene de los ríos. También proviene de la lluvia y la nieve.

Los ríos fluyen hacia al mar y bajan hasta su nivel. La desembocadura del río se ensancha cerca del océano. Esto recibe el nombre de bahía. La tierra y la arena que arrastra el río se depositan en la bahía. Por eso, la mayoría de las bahías son poco profundas. En estas aguas poco profundas habitan millones de pequeños animales como los cangrejos y los camarones.

El río Amazonas

El río Amazonas queda en Sudamérica. Es tan grande que aporta aproximadamente el 20 por ciento de toda el agua del río que desemboca en los océanos.

Aguas poco profundas

Por lo general, las aguas del océano que se encuentran cerca de la costa son poco profundas. La mayoría de las plantas y los animales del océano viven allí. La luz solar llega fácilmente a esas aguas poco profundas y así permite que los organismos vivos crezcan. Es un buen lugar para que los cazadores encuentren su **presa**. Los animales que comen plantas también pueden hallar muchísimo alimento allí. ¡Las aguas poco profundas están muy pobladas!

Piénsalo de esta forma: si las personas viviéramos en el agua, las aguas poco profundas serían las ciudades, y el océano abierto sería el campo.

estrella de mar

Poza de marea

A veces, cuando baja la marea, se forma un charco de agua. Esto se llama **poza de marea**. Muchos animales pequeños del océano, como las estrellas de mar, viven en estos lugares.

Tipos de arrecifes

Existen tres clases principales de arrecifes: los arrecifes de franja, los arrecifes de barrera y los atolones. Los arrecifes de franja se forman inmediatamente alrededo de la costa. Los arrecifes de barrera se forman alrededor de la costa, pero son más alejados de ella. Los atolones son arrecifes que se elevan por encima de las aguas al tiempo que la tierra se hunde debajo d éstas. Tras millones de años, los arrecifes de franja se transforman en atolones.

Arrecifes de coral

Los **arrecifes de coral** se encuentran en aguas cálidas, cerca de la costa. Éstos se forman sobre rocas grandes. Allí viven corales diminutos, los que se llaman **pólipos**. Los pólipos tienen esqueletos rígidos y cuerpos blandos y adhieren sus esqueletos a la roca y a los esqueletos de otros pólipos. Cuando estos animales mueren, los esqueletos permanecen allí.

Los arrecifes de coral son brillantes y coloridos. Los **tentáculos** de los pólipos ondean en el agua. Parecen flores, pero no lo son. Los pólipos utilizan los tentáculos para atrapar su alimento.

arrecife de franja
arrecife de barrera
atolón

Medusas

Las medusas flotan y nadan sin tocar el suelo. Muchas pueden vivir en las profundidades de los océanos. Algunas crean su propia luz mediante un proceso denominado **bioluminiscencia**.

Las ballenas son unas de las criaturas más grandes del mundo. ¡Algunas son tan grandes como un autobús escolar!

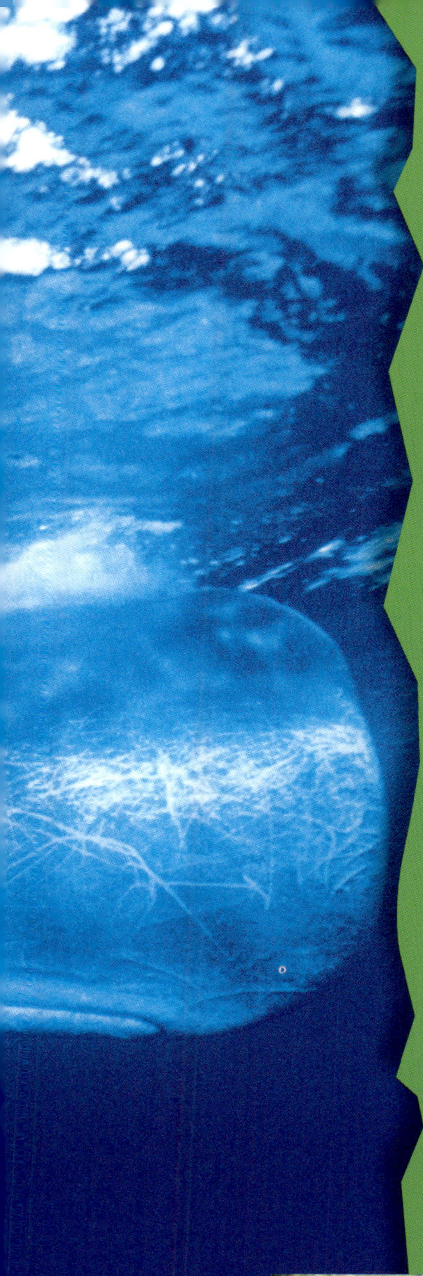

Las aguas abiertas y las profundidades del océano

Mayormente, el océano está conformado por aguas abiertas. Allí se encuentran los organismos vivos más grandes y también los más pequeños. El **plancton** está compuesto por organismos vivos tan diminutos que no se ven. Pero las ballenas gigantes se alimentan de él.

Muy por debajo de la superficie se encuentra el suelo marino. Allí hay montañas, valles y llanuras. La mayor parte del suelo es frío y oscuro. La luz sólo llega hasta los primeros 500 metros (1,640 pies). En ese lugar viven criaturas extrañas. Algunas brillan en la oscuridad para tener luz. Otras tienen un sentido de la vista muy desarrollado o se mueven guiadas por el sonido o el tacto.

La mayor parte del suelo marino aún no se ha explorado. Es demasiado grande y resulta difícil llegar allí. Los científicos siempre buscan nuevos modos de ver qué ocurre en esa zona.

plancton

La vida en el océano

El océano es un bioma. Eso significa que está lleno de plantas y animales. Hay muchas **especies** allí. Hay especies grandes, pequeñas y de todo tipo de color. Nadan, flotan, caminan y vuelan.

Muchas especies viven juntas. Viven en un **ecosistema**. Un ecosistema está conformado por plantas, animales, agua, suelo y aire. Los seres vivos de un ecosistema se ayudan entre sí para sobrevivir y utilizan el agua, el suelo y el aire que los rodean.

Todos los animales necesitan respirar. Algunos animales marinos respiran aire en la superficie. Pero otros respiran debajo del agua. Lo hacen mediante **branquias**.

nutrias marinas

Tómate un respiro

¿Por cuánto tiempo puedes contener la respiración? ¡Algunas ballenas pueden hacerlo durante más de una hora!

oso polar

delfín

Los océanos albergan más de 170,000 especies de animales.

Pez ojos de barril

El pez ojos de barril mira hacia adelante cuando atrapa un bocado de comida. Pero la mayor parte del tiempo mira hacia arriba. ¿Cómo lo hace? ¡Su cabeza es **transparente** y puede girar los ojos a noventa grados!

La fotografía que ves aquí la tomó el Monterey Bay Aquarium Research Institute MBARI (Instituto de investigación del acuario de la **Bahía** de Monterey). Los científicos de esta organización estudian la vida marina y dedican muchos esfuerzos a protegerla.

Usos de las algas

Las algas tienen muchísimos usos. ¡Suelen ser uno de los ingredientes de la pintura, el helado, la pasta de dientes y muchas cosas más!

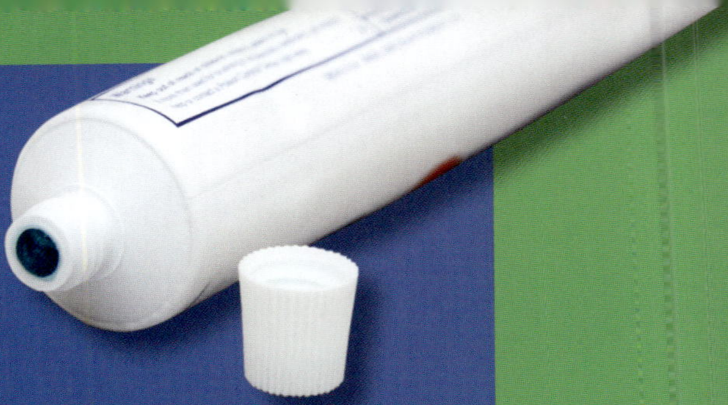

Unos de los organismos vivos más comunes del océano son las **algas**. Las personas solían pensar que las algas eran plantas, pero no es verdad. Ahora los científicos saben que la mayoría de las algas son pequeños organismos vivos que se parecen a las plantas pero no son.

El quelpo es un tipo de alga que crece en aguas poco profundas. Puede alcanzar grandes estaturas en zonas extensas. Las pequeñas burbujas del quelpo le permiten mantenerse erguido.

Las plantas más importantes del océano son minúsculas. Se llaman **fitoplancton**. *Fito-* significa "planta". *Plancton* significa "errante". El fitoplancton flota sin rumbo. Es como el pasto del océano. Muchos animales marinos se alimentan de él.

Las plantas del océano son importantes para todos los animales. Ellas le brindan al mundo más de la mitad de su oxígeno.

bosque de quelpo

¡Muévete!

Los animales marinos se mueven de distintas maneras. El nautilo nada hacia atrás. El cangrejo camina hacia los costados. La ballena agita la cola. El calamar lanza chorros de agua para impulsarse.

nautilo

ballena

Protege los océanos

Los océanos son importantes. Los necesitamos para muchas cosas. Comemos los peces que viven allí. Respiramos el oxígeno que producen sus plantas. Transportamos personas y cargas en barcos a través del océano. Usamos energía del agua de los océanos y del viento que sopla en ellos. También son un lugar de juego para las personas.

La polución representa una gran amenaza para los océanos: mata animales y plantas y hace que el agua sea peligrosa para las personas. Por otra parte, la pesca desmedida daña el ecosistema.

Debemos proteger los océanos. Debemos pensar de qué manera los afectamos con nuestras acciones. Los océanos sanos ayudan a mantener sano a todo el planeta.

Un equipo de trabajo limpia un derrame nocivo de petróleo.

Laboratorio: Adaptaciones climáticas

Los biomas son regiones que tienen climas, paisajes, animales y plantas similares. En un bioma, la supervivencia de los seres vivos depende del clima. Cuando el clima cambia, las plantas y animales deben adaptarse, o cambiar, para sobrevivir.

Materiales

- este libro
- lápiz y papel
- arcilla para modelar
- rotuladores o pinturas de colores
- platos desechables
- materiales artísticos (arena, pasto, musgo artificial, etc.)
- pegamento

Procedimiento:

1. Elige una planta y un animal del bioma de este libro. Piensa en sus características físicas. ¿Qué adaptaciones tienen para poder sobrevivir?
2. Registra el nombre de la planta y del animal que hayas elegido y sus adaptaciones en las dos primeras columnas de la tabla de la próxima página.
3. Imagina que alguien transporta esta planta y este animal a un nuevo bioma con un clima diferente. ¿Cómo deberían adaptarse para sobrevivir?

4. Escribe tus ideas en la tercera columna de la tabla.

5. Utiliza arcilla para modelar y pintura para crear figuras de la planta y el animal adaptados.

6. Utiliza un plato desechable para crear tu nuevo bioma. Colorea el plato y adhiere a él otros materiales artísticos para que se vea como el nuevo bioma.

7. Coloca las figuras de arcilla que creaste en el nuevo bioma.

8. Escribe un párrafo donde describas la planta y el animal que elegiste. Explica de qué modo las adaptaciones los ayudarán a sobrevivir en el nuevo bioma.

Nombre de la planta/animal	Bioma: ___________ Adaptaciones	Nuevo bioma: _________ Adaptaciones
Nombre del animal		
Nombre de la planta		

Glosario

algas—organismos que viven en el agua

arrecifes de coral—cadenas de rocas y esqueletos de animales secos ubicados en la superficie del agua o cerca de ella

bahía—desembocadura grande de un río, también llamada estuario

bioluminiscencia—la capacidad de producir luz poseída por algunos organismos vivos

biomas—comunidades complejas que se caracterizan por tener un clima, una vegetación y animales en común

branquias—órganos que emplean algunos animales marinos para respirar

ecosistema—región geográfica donde interactúan las plantas, los animales, el suelo y el clima que se encuentran en ella

erosiona—se desgasta debido a la acción del agua o del viento

especies—grupos de organismos vivos del mismo tipo o con características compartidas

fitoplancton—plantas diminutas del océano que flotan a la deriva en el agua

marea—ascenso y descenso del agua del océano que se produce dos veces por día

plancton—organismos microscópicos que flotan a la deriva en agua dulce o salada y que sirven de alimento para los peces y otros organismos vivos del océano

pólipos—animales de estructura mayormente fija, cuerpo cilíndrico, boca y tentáculos

poza de marea—un charco de agua que se forma en la costa cuando se baja la marea

presa—algo que se caza y sirve de alimento

tentáculos—extremidades flexibles utilizadas para tocar, asir y moverse

transparente—se puede ver a través de cosas transparentes

Índice

Científicos de ayer y de hoy

Dorothy Hill
(1907–1997)

Nació en Australia y, de niña, fue muy buena alumna. Sorprendía a su familia y a sus maestros y recibió muchos premios especiales. En la universidad decidió estudiar geología porque podía estudiar mientras estaba en contacto con la naturaleza. Se convirtió en una experta en corales. Tiempo después, Hill fue la primera profesora universitaria mujer de Australia. También fue la primera mujer en presidir la Australian Academy of Science (Academia australiana de Ciencias).

Francisco Dallmeier
(1953–)

Francisco Dallmeier siempre sintió curiosidad por las aves. En la escuela, estudió todo lo que pudo acerca de ellas. Aprendió tanto que se convirtió en director de un museo ¡cuando tenía apenas 20 años! Ahora es una de las autoridades de la Institución Smithsonian. Éste es uno de los museos más grandes del mundo. Dallmeier dirige las investigaciones sobre plantas y animales que realiza el museo.

Créditos de las imágenes

Portada y p.1: Susan McKenzie/Shutterstock; p.4: digitalife/Shutterstock; p.4-5: Specta/Shutterstock; p.6-7: Specta/Shutterstock; p.7: Yegorius/Dreamstime; p.8-9 (arriba): Khlobystov Alexey/Shutterstock; p.8: Tim Mainiero/Shutterstock; p. 8-9 (abajo): Eric Gevaert/Shutterstock; p.9: Armin Rose/Shutterstock; p.10-11: a9photo/Shutterstock; p.11: (abajo, izquierda): Sam Dcruz/Shutterstock; p.11 (abajo, derecha): Aleksander Bochenek/Shutterstock; p.12-13: CSLD/Shutterstock; p.13 (izquierda): Janne/Shutterstock; p.13 (derecha): WizData, Inc./Shutterstock; p.14-15: Richard R. Hansen/Photo Researchers, Inc.; p.15: Frontpage/Shutterstock; p.16: Ferenc Cegledi/Shutterstock; p.16-17: Lee Prince/Shutterstock; p.18-19: Wolfgang Amri/Shutterstock; p.19 (arriba): Stephanie Reid; p.20: Dwight Smith/Shutterstock; p.20-21: FLIP NICKLIN/MINDEN PICTURES/National Geographic Stock; p.21 Alfred Pasieka/Photo Researchers, Inc; p.22: Peter Dean/Shutterstock; p.22-23: Jan Martin Will/Shutterstock; p.22-23 (arriba): Alexander Gitlits/Shutterstock; p.23 (arriba, izquierda): kristian sekulic/Shutterstock; p.23 (arriba, al centro): rebvt/Shutterstock; p.23 (arriba, derecha): kristian sekulic/Shutterstock; p.23 (abajo): 2004 MBARI; p.24: GWImage/Shutterstock; p.24-25: Jfybel/Dreamstime; p.25 (arriba): cbpix/Shutterstock; p.25 (abajo): Daniel Padavona/Shutterstock; p.26-27: Monkey Business Images/Shutterstock; p.27: PhotoResAndy Levin/Photo Researchers, Inc.earchers; p.29: Nicolle Rager Fuller; y Tim Bradley p.32 (izquierda): Rick Reason; p.32 (derecha): Rick Reason.